ERNEST NOUFFERT

Le Globe Terrestre

LIÉ A UN GLOBE INVISIBLE

SUIVANT DES RÉVÉLATIONS

LE PROGRÈS MORAL DEVANÇANT LE PROGRÈS

Intellectuel

PARIS

S'adresser à l'auteur et aux principales librairies

IMPRIMERIE E. GOSSART, 7ᴮᴵˢ, BOUL. DE VAUGIRARD

1000. — Déposé.

Le Globe Terrestre lié à un globe invisible

SUIVANT DES RÉVÉLATIONS

LE PROGRÈS MORAL DEVANÇANT LE PROGRÈS INTELLECTUEL

1

ERNEST NOUFFERT

Le Globe Terrestre

LIÉ A UN GLOBE INVISIBLE

SUIVANT DES RÉVÉLATIONS

LE PROGRÈS MORAL DEVANÇANT LE PROGRÈS

Intellectuel

PARIS

S'adrésser à l'auteur et aux principales librairies

IMPRIMERIE E. GOSSART, 7BIS, BOUL. DE VAUGIRARD

1900. — Déposé.

PRÉFACE

En soulevant chaque jour un petit coin du voile qui obstrue encore vos intelligences, nous espérons, nos fils, vous voir arriver, à pouvoir sans secousse fixer la lumière, sans en être éblouis. Il s'agit bien, vous le devinez de la lumière divine qui seule pourrait troubler vos esprits par sa clarté qui éclaire tout un monde d'ignorance des siècles passés.

Si vos esprits n'étaient pas matérialisés, vous auriez déjà pu entrevoir la vérité et par conséquent la saisir, et notre mission ne consisterait plus aujourd'hui qu'à agrandir vos connaissances acquises, sans nous voir dans la nécessité de vous en donner le premier enseignement.

Mais, nos fils, nous vous prêtons volontiers notre aide, car nous savons que vos esprits sont suffisamment avancés intellectuellement, et nous ne voulons plus rien vous apprendre dans cette voie, dans laquelle l'orgueil vous a toujours retenus. Vous ne voulez pas voir les progrès que fait l'âme dans la voie morale, chaque jour sous vos yeux, et vous pensez que ce sont là, jeu d'enfant, bon tout au plus pour des esprits faibles?

Mais qui êtes-vous donc vous-mêmes, nos enfants, pour vous poser pour des esprits forts? Êtes-vous si sûrs de vous-mêmes, et ne vous apercevez-vous pas que votre existence matérielle passe dans des tâtonnements continuels, sans obtenir par vos recherches insuffisantes aucun résultat, cherchant ainsi en vain la vérité sans la trouver?

Et cet indice ne vous suffit-il pas, pour vous prouver à vous-mêmes que vous êtes encore dans l'enfance de la vie de votre esprit immortel?

Ainsi, si vous avez déjà parcouru les premières étapes dans la voie du bien, les plus importantes sont encore à franchir, et nous venons à vous, nous, Esprit près de Dieu, pour vous aider à le faire plus facilement, vous donnant notre aide avec nos enseignements!

Mais, vous vous dites entre vous, que nous sommes pour vous un inconnu et vous le pensez! Et vous ajoutez que nous ne pouvons vous forcer à vous occuper de la science morale, qui est bonne pour les enfants et non pour des hommes instruits; et qu'au surplus vous n'en voyez pas la nécessité, car ce n'est pas elle qui vous a donné le bien-être auquel vous êtes habitués depuis de longues années, mais le seul progrès intellectuel qui a fait de vous, l'homme que vous êtes, par vos connaissances acquises lesquelles, du reste, iront toujours grandissantes dans cette voie de progression.

Oui, nos fils, le progrès grandira toujours dans sa marche en avant, mais plus tard, car pour le moment, il est fini pour vous, et ce progrès intellectuel qui vous a procuré le bien-être dans votre existence matérielle va, cependant, rester stationnaire pour une longue période. Vous perfectionnerez sans doute ce que vous avez trouvé; vous ferez encore certain progrès en allant les chercher à l'origine de la source de ceux accomplis pour arriver ainsi à leur donner une autre application dans une autre destination; mais vous ne ferez plus d'autres découvertes, telles que la vapeur et l'électricité, car Dieu en a ainsi décidé et il veut aujourd'hui que les deux progrès se rejoignent fusionnent pour ainsi dire l'un avec l'autre, pour lui permettre de donner à ses enfants de la Terre autant de joies et de bonheur en spiritualité, qu'ils en ont déjà trouvé intellectuellement.

Et nous, Esprit de Vérité, nous exécutons les désirs du Père qui veut que de ce jour ses enfants de la terre, entrent dans la voie du progrès moral, les voulant heureux, eux encore si malheureux.

Et c'est cependant ainsi que l'homme a cru pouvoir atteindre au bonheur, dans cette voie du progrès de l'esprit qui lui a donné des facilités de vivre commodément, il est vrai, mais qui ne lui a donné cependant qu' une semblant de bonheur, et ce en négligeant presque complètement la partie spiritualiste de son être, qui en est la plus importante puisque par l'âme, il est immortel.

Pour bien comprendre Dieu comme bon Père dans sa sollicitude pour ses enfants, il faut le voir déversant sur eux la lumière, mais ne le faisant cependant qu'à fur et à mesure de l'avancement de ses peuples en progrès, et en ne leur donnant connaissance, par exemple, de l'existence d'un seul Dieu, qu'à l'avènement du Christ, puisque le seul peuple juif le savait et devait le savoir, pour recevoir parmi lui, Christ, fils de Dieu,

Par ordre de Dieu, tout progrès se fait en temps utile, et c'est encore ainsi, que plus tard, il fit inspirer Galilée, que la planète la terre tournait sur elle-même par le mouvement diurne et le mouvement de rotation, et que par ce dernier, elle se faisait elle-même le jour ou la nuit, selon la partie du globe présentée à cet astre de lumière ce que les peuples de l'époque ignoraient, ainsi que le mouvement de la terre, ce qui est pour nous un point de départ, pour venir vous dire que l'astronomie viendra bientôt à notre voix, s'aidant des connaissances acquises, confirmer ce que nous venons expliquer dans cette petite brochure sur un monde invisible à vos yeux humains lié à la planète la Terre par des attaches étroites y aidant à son bon fonctionnement ce que la science expliquera bientôt aussi bien que sa composition qui est plus important que la Terre elle-même, lequel comprend vingt-un cercles qui entourent cette dernière, ce qui doit, d'autant plus vous intéresser, que c'est sur le premier de ces cercles que vous avez été placés, et c'est de celui-ci, et ce avant votre chute, que nous vous prenons à votre origine avec l'immortalité de l'âme.

Et aujourd'hui que le progrès intellectuel est

arrivé, pour les temps présents à son plus haut
degré d'élévation, Dieu le Père juge le moment
venu de faire faire à ses enfants de la Terre un
pas décisif dans la voie de la spiritualité, et il
nous a donné la mission de faire une révélation
qui sera le point de départ de nombreuses adhé-
sions à la croyance en Dieu, dans ses promesses
qu'il a toujours faites à l'humanité sous des formes diverses, notamment par des enseignements
donnés par le Christ, et qui seront la confirma-
tion de ce que la science a prouvé depuis longtemps, que l'homme n'est venu sur terre qu'après
l'animal qui a donné naissance à un être perfec-
tionné qui a été l'homme possédant l'immortalité
de l'âme, ce que l'église chrétienne n'a jamais
voulu admettre, et ce que, non plus, la science
n'a jamais pu prouver. Et si les diverses églises
ont cru devoir s'en tenir aux enseignements
donnés par Moïse, et qui cependant n'avaient
été institués que pour son peuple seul, les
savants, de leur côté, n'ont pu justifier que
deux êtres du règne animal pouvaient engen-
drer un petit être consacré immortel par Dieu,
sans violer les lois divines, ce que nous allons
cependant expliquer brièvement dans cette
petite brochure après l'avoir déjà fait plus

longuement dans notre ouvrage qui a paru ces temps-ci : « *L'homme est grand par son esprit* ».

Et ces révélations nous aideront à bien vous faire comprendre la cause de votre passage sur terre, dans ces existences matérielles, dans les épreuves, qui seules, cependant, vous auront rendu à vous-mêmes, à cet état de pureté dans lequel Dieu vous avait primitivement placés, dans ces cercles où vous deviez progresser vers lui par le progrès de l'âme, tandis que par la voie matérielle de la terre, votre progrès se fera par l'esprit qui, après ses preuves, rejoindra celui de l'âme qui, purifiée par la souffrance, reprendra son premier rang de sœur aînée pour continuer ensuite seule son évolution vers le bonheur, c'est-à-dire vers Dieu.

L'ESPRIT DE VÉRITÉ.

DU GLOBE TERRESTRE

ET DU

GLOBE INVISIBLE

2

DU GLOBE TERRESTRE

ET

DU GLOBE INVISIBLE

Nous ne pouvons dans cette petite brochure vous donner un grand enseignement sur le progrès en général, mais nous allons néanmoins faire un résumé clair du livre que nous faisons paraître, et qui, par ses enseignements conduira le lecteur à faire des réflexions et des comparaisons, du reste nécessaires, pour bien lui faire saisir la différence qu'il y a entre le progrès moral et le progrès intellectuel pour les temps présents, et qui, à un moment donné sont appelés à se réunir, pour ne plus faire qu'une seule et même intelligence, quand l'homme se sera suffisamment élevé dans la voie morale, et autant qu'il l'est déjà dans la voie intellectuelle.

C'est la première fois que nous enseignons

ces vérités, d'une façon précise et nous pensons
accomplir un grand devoir en le faisant, afin
que les hommes puissent arriver à faire cette
distinction plus facilement en toutes les occa-
sions de la vie, et arriver à considérer les enfants
qui entrent dans l'existence comme possédant
soit un seul progrès, soit les deux progrès, ou
même aucun de ces progrès, et s'efforcent ensuite,
et c'est une tâche qui incombe aux parents, de les
pousser de préférence dans une voie, plutôt que
dans une autre suivant l'expérience acquise, et
que nous leur permettrons d'acquérir par cette
publicité et suivantes.

S'il est des enfants dépourvus de tout progrès,
les parents auront là, une mission à remplir, et
suivant l'élévation de leur propre avancement
morale qui influencera sur l'avenir de cet
enfant, ou pour parler plus exactement sur
l'avenir de ce jeune esprit, et qui, selon la direc-
tion qui lui sera donnée à ce moment critique
de son existence entrera définitivement et pour
toujours, soit dans la voie du bien, ou dans
celle du mal, et dans cette dernière, si ce n'est
définitivement, au moins pour de bien longues
années, ce qui nous amène à dire, que grand
sera le mérite de ces pères et de ces mères, qui
auront rempli leur devoir, et tout leur devoir.

Cette brochure est intéressante à lire, non

seulement dans sa partie morale, mais par l'indication qu'elle donne de l'existence au-dessus de vos têtes d'un monde invisible à vos yeux matériels déjà cependant armés par la science astronomique, mais encore trop faiblement pour distinguer les vingt-un cercles qui enveloppent votre planète, qui donc pour vous seraient un monde nouveau puisque, jusqu'à ce jour, nulle créature humaine n'a pu le vérifier et qui, a été créé en même temps que la Terre, son action étant liée à celle de cette dernière, qui en subit les effets, notamment dans ses deux mouvements diurne et de rotation, et qui, quoique d'une nature fluidique n'en constitue pas moins le moteur principal. Cet ensemble de cercles en y comprenant la Terre, comme en étant le centre, le monde de la génération des êtres immortels placés entre ces cercles et la Terre, et enfin un dernier cercle pour la génération des intelligences des animaux, placé au delà des rayons de ce nouveau monde pour vous, donnent ainsi un total de vingt-quatre cercles par conséquent le globe de la Terre compris,

Ces enseignements sont nouveaux pour vous, et il vous faudra vous recueillir un peu de temps, pour ensuite vous convaincre de la presque certitude que les choses ne peuvent pas exister autrement que de la manière que

2.

nous venons de vous les donner, car si vous les supprimez, vous retombez dans le gachis de l'esprit, qui a cherché en vain, à ce jour, à vouloir se rendre compte de la cause de son passage sur terre au milieu d'épreuves continuelles, qu'il pense n'avoir pas mérité, la raison lui ayant déjà dit, que tout être existant sous n'importe quelle forme ne peut devenir responsable d'une faute faite par son semblable, si réellement il existe une justice divine !

Ce monde qui a vingt et un cercles liés pour vous invisiblement à la terre et pour les esprits qui voudront bien l'admettre, sera matériellement découvert par vos savants qui s'aideront, il est vrai, de la science déjà avancée dans l'astronomie, et expliqueront son existence, comme l'a été celle du mouvement de la Terre dans un temps que nous ne pouvons fixer, mais qui n'est pas très éloigné de vous.

C'est dans le vingt et unième cercle, soit celui qui est le plus rapproché de la terre, que l'homme a débuté comme Esprit-périsprit, c'est-à-dire d'esprit recouvert d'un corps presque fluidique ; et c'est là qu'il a désobéi, en voulant briser l'harmonie des lois qui régissent les mondes, cause de désobéissance pour laquelle il a été obligé de quitter ce lieu d'étude vers tous les progrès, pour ensuite venir continuer celles-ci

par une autre voie, dans votre monde matériel,
lieu d'épreuves et d'expiation, il est vrai, mais
vous mettant dans cette situation de continuer
votre longue route dans des conditions autres,
mais favorables néanmoins, pour vous donner
par l'étude de l'esprit, au lieu de celle de l'âme,
les connaissances nécessaires pour que vous
puissiez arriver à atteindr, le progrès absolu,
extrême et final nécessaire qui vous mènera
au même but, c'est-à-dire à Dieu lui-même
qui, dans sa grande sollicitude, avait cependant
suffisamment armé son petit esprit, en le pla-
çant sur ce monde spirituel, dans un état simple et ignorant c'est vrai, mais en mettant aussi
en lui tous les germes de vertus et de sagesse,
pour pouvoir combattre ceux qu'il y apportait
en obtenant de lui l'immortalité de son être par
l'âme qui avait été adjointe à son esprit. Pour
ensuite, par un travail d'intelligence, grandir
en sagesse et en puissance par la suite, sans
avoir eu besoin de passer comme vous par la
matérialité. Cette évolution de votre être en
voie de progrès moral, vers l'esprit qui le fait
progresser par la voie matérielle dans laquelle
vous avez été obligés d'entrer, est par conséquent encore pour lui un moyen de salut par
une grâce que Dieu vous a faite, car quoique
pénible, elle conduira au même but le petit es-

prît, en passant par les épreuves de la vie ter_
restre où tout est souffrances, mais qui, cependant, seules, le ramèneront à Dieu purifié et
grandi par le travail.

Nous terminons ces explications sur le monde
spirituel et nous ne nous arrêterons pas sur la
figure que donne l'église chrétienne sur la
chute des Anges, car si dans les temps passés,
celle-ci a été prise par l'esprit d'alors à la lettre,
aujourd'hui qu'elle est plus avancée intellectuellement et moralement elle n'en fait plus mention
devant des personnes éclairées, et elle laisse à
chacun son opinion personnelle sur cette dé-
monstration que des êtres créés parfaits ont pu
faillir en se révoltant contre Dieu.

Cependant cette figure n'a pas été donnée aux
fidèles sans cause et le premier qui en a eu
l'intuition était certainement un homme avancé
en moralité, car sans cette condition, Dieu ne
lui aurait pas fait connaître une partie de la
vérité, en lui donnant ainsi la possibilité de dé-
voiler ces révélations à l'église chrétienne, qui
s'est empresssée d'en faire un article de foi,
qu'elle a cru devoir ensuite imposer à ses fidèles, ou à ceux reconnus comme tels. Ces révélations ont, certes, une grande valeur aux yeux de
tous, mais elles péchent certainement par la

base, comme n'étant pas d'accord avec la raison et la Justice divine.

Faut-il conclure de là que l'église catholique a eu tort d'enseigner des choses allant à l'encontre de la raison, et qu'en le faisant elle ne pouvait avoir d'autre but que de tromper ses fidèles, et dans le but aussi de donner à la religion plus de poids dans toutes ces révélations ou simplement de mettre en garde les hommes contre la tentation d'êtres ayant été parfaits, et se trouvant à l'état d'imparfaits, dans la possibilité de faire le mal, avec leurs connaissances acquises, et prémunir ainsi les hommes contre les attaques d'un ennemi dangereux ? Nous ne le savons pas, mais ce que nous pouvons déclarer, c'est que l'intention en avait été bonne, ayant pour but de faire le bien, en faisant pénétrer dans l'esprit des grands, des riches et puissants de l'époque qui, pour la plupart n'étaient que de grands criminels, la crainte des peines éternelles dans lesquelles avaient été mis les anges déchus, et dans le but de les arrêter dans leurs débordements.

Nous ne nous arrêterons pas davantage sur un sujet que tout le monde connaît, mais nous pouvons l'épuiser par une comparaison entre les enseignements donnés par l'église catholique sur la chute de ces esprits parfaits qui, cepen-

dant ne devaient plus pouvoir fauter, et celle
d'esprits, simples encore, incapables par leur
infériorité morale de rester dans un monde qui,
par son essence même, ne pouvait garder en lui
la plus petite parcelle de matérialité, à moins
de violation des lois qui régissent les mondes
habités ; ce qui par conséquent ne se pouvait
pas. Ces esprits périsprits avaient donc été
poussés dans cette voie de désobéissance par
orgueil et aussi par esprit d'impureté : En atti-
rant à eux des fluides grossiers, qu'ils pouvaient
ainsi obtenir en se rapprochant le plus près
possible du monde de la génération, placé
au-dessous du premier cercle de ce monde dont
s'agit, lesquels se prêtaient à leurs désirs et
dont ils s'étaient saturés le périsprit au point
de le rendre presque matériel, et étant ainsi
préparés, ils ont pu commettre ensemble la
faute d'orgueil et d'impureté dont s'agit en prenant pour la consommer un sexe différent, ce
sentiment ne s'élevant pas plus haut que ceux
provoqués par des fluides très matériels et jus-
tifiant par là l'infériorité de l'esprit.

L'enfant qui à la suite de ce rapprochement,
s'est formé à l'instant même, n'a pas vécu, et il
est mort de suite de sa vie matérielle, car créé
par transgression des lois divines, Dieu ne lui
avait pas donné d'esprit. Et ainsi, par suite de

cette désobéissance à leurs guides, les deux esprits périsprits s'étaient trouvés à ce moment, dans ce monde aux fluides presque spirituels, avoir en eux des éléments étrangers à sa pure essence, qui ne pouvaient et ne devaient pas y séjourner du tout, et qui, à l'instant, par la force des lois d'attraction en furent retirés et entraînés emportant avec eux les périsprits de ces deux coupables, étant demeurés adhérents à ces fluides grossiers, sans possibilité pour eux, de pouvoir s'en détacher.

Mais Dieu dans son amour immense pour ses enfants, ne voulant les abandonner à eux-mêmes dans un état voisin de la mort, les a revêtus à l'instant d'un autre corps ou périsprit plus matériel que celui qu'ils venaient de quitter, et qu'ils ont ensuite gardé à travers leurs existences où par-dessus celui-ci ils ont dû en revêtir un autre tout à fait matériel, qui est le corps humain, soit une double garantie donnée à l'âme, et qu'elle laisse sur terre quand elle la quitte.

Voilà ce que Dieu a fait pour vous, après toutefois vous avoir mis dans l'épreuve, dans les lieux réservés pour ces sortes de fautes, pen-une durée de temps plus ou moins longue suivant leur gravité.

Votre origine sur terre n'a pas d'autre cause

que cette chute du petit esprit à la suite de
ces fautes qu'il a dû venir racheter par un travail forcé, et les épreuves par lesquelles tous
les hommes passent sans aucune exception,
soit dans une existence, soit dans une autre.

Et cette chute d'esprits entrevue par l'église
catholique s'applique par conséquent, non à
des êtres créés parfaits, qui n'auraient pu dans
ces conditions succomber, mais à des êtres
simples et ignorants, qui ne sont autres que
vous-mêmes.

ORIGINE DU PEUPLE JUIF

MOÏSE

Ainsi fixé sur cette faute originelle de l'homme que le Catholicisme fait remonter à Adam et Eve, nous allons faire notre appréciation sur Moïse qui, dans sa mission a préparé l'avènement du Christ, en enseignant à son peuple qu'il n'existait qu'un seul Dieu, et non de nombreux Dieux comme il l'avait appris pendant sa servitude.

Le peuple Hébreux était un peuple très arriéré sous tous les rapports, dont l'origine ne remontait qu'à Abraham, mais il avait été désigné par Dieu pour recevoir en son sein, le rédempteur du monde, Christ, comme étant un peuple jeune, et c'est sans doute la cause pour laquelle il avait eu la préférence sur d'autres peuples plus avancés que lui.

Moïse était un esprit avancé surtout intellec-

3

tuellement, et c'est une des raisons pour laquelle, Dieu l'avait désigné pour délivrer le peuple Hébreux de la servitude d'Egypte, afin de préparer celui-ci longtemps à l'avance pour recevoir son fils, qui est en même temps votre frère aîné.

Moïse avait reçu à la Cour d'Egypte, où il avait été élevé, après avoir été sauvé des eaux du Nil, une éducation et une instruction très étendues dans les sciences et dans les arts, et se trouvait être ainsi dans les conditions voulues pour conduire ce jeune peuple, hors d'Egypte, qui, dans un état voisin de l'esclavage, y avait oublié les vagues notions sur Dieu que lui avait enseignés Abraham. Et ce fut dans cette situation, que Dieu lui donna l'intuition, et plus tard l'ordre dans une certaine circonstance, la mission de conduire ce peuple qui ne le connaissait guère, dans un lieu qu'il avait visité autrefois, pour le mettre à l'abri, et hors de portée de la colère des Egyptiens, qui le considéraient, comme étant leur chose, leur propriété, et qui, à ce moment, était occupé par eux à jeter les fondations des Pyramides qui furent commencées dès cette époque, ce qui les dispensait de faire euxmêmes ces travaux de force.

Nous ne pouvons faire ici, l'histoire du peuple Juif, mais nous voulons vous faire remarquer

que la mission de Moïse consistait à conduire
son peuple de l'autre côté de la Mer Rouge,
pour l'y voir libre, et qu'à ce moment celle-ci
se trouvait terminée, non moralement, mais
matériellement; que si des historiens ont écrit
que Dieu lui avait promis la terre promise, en
l'autorisant ainsi à aller à la conquête d'autres
contrées et d'autres peuples, nous n'avons qu'à
leur faire remarquer que tous les hommes sans
exception sont des enfants de Dieu et que ce
Père ne pouvait faire commettre une injustice
quelconque au profit de quelques-uns, et qu'il ne
pouvait pas non plus promettre des biens terrestres, mais des biens spirituels, c'est-à-dire le Ciel.
Et que par suite, nous pensons que ces ensei-
gnants n'avaient pas eu, eux, une grande élévation morale, pour n'avoir pu faire cette distinction entre le devoir que Moïse avait à remplir
envers Dieu, et aussi envers les autres peuples
de la terre, par le sien et dont il avait la direc-
tion.

Mais Moïse en arrivant avec son peuple dans
ces lieux déserts, mais non arides, puisqu'il y a
trouvé sa subsistance pendant quarante ans,
avait une forte tâche à remplir, celle de mettre
un peu de discipline dans cette horde à moitié
sauvage, et nous ne vous dirons presque rien
sur ce sujet, car notre rôle ici est d'envisager la

mission de Moïse sous son côté spirituel comme chef religieux de son peuple, car comme ligislateur, il s'était entendu à merveille sur la manière de le faire vivre dans cet espèce de désert, en le faisant ravitailler par certaines tribus, notamment par la tribu de Lévy.

Mais où il éprouvait le plus de difficultés, ce fut quand il voulut lui imposer des lois et des règles à suivre, et pardessus tout, une religion avec sa croyance à un seul Dieu, ce qui lui était indispensable, afin d'arriver à lui donner un fonds de moralité qui lui manquait complétement, étant rebelle à tout enseignement un peu élevé : Lui enseigner la Religion des Égyptiens qu'il connaissait fort bien pour l'avoir étudiée et pratiquée longtemps, il ne fallait pas y songer, car elle était d'une trop grande élévation pour la lui faire comprendre, même celle du bas peuples qui croyait à la pluralite des Dieux, ce qui du reste serait allé à l'encontre de sa mission. Moïse créa donc pour son peuple une religion simple et facile à observer avec des règles et des lois, que quelque temps après, il réunit dans des commandements. Il voulut aussi donner une origine compréhensible à ces petits esprits, sur le premier homme, capable de lui donner satisfaction pour le moment et c'est celle qu'il donne dans la Genèse, que l'église chrétienne a accepté de confiance sans protestation directe, malgré les nombreuses observations faites par la science qui en démontrait l'impossibilité.

Nous ne parlerons ni d'Adam ni d'Eve dont la légende est connue, non plus de Noë et de ses descendants qui n'ont jamais existé, puisque le peuple Juif ne remonte qu'à Abraham, légende que Moïse avait dû inventer, sa tâche devenant chaque jour plus lourde comme chef de ce peuple rebelle qui ne possédait aucune notion sur quoique ce soit, non plus la moindre morale.

Et si on nous dit que ces moyens employés par Moïse étaient peu louables, nous répondrons, que cet esprit distingué prenait son peuple par les moyens qui lui avaient paru les plus en rapport avec son élévation intellectuelle et son progrès alors presque nul, et qu'il arrivait ainsi à établir des commandements à suivre, et qui devaient se perfectionner par la suite, à fur et à mesure de son avancement dans le progrès intellectuel.

Nous avons dit plus haut que Moïse avait été un esprit très avancé pour l'époque, et que Dieu l'avait choisi à cause de sa haute intelligence et de son instruction, pour tirer le peuple hébreux de servitude, comme étant au reste le plus avancé d'entre tous, et il a, ainsi, bien conduit sa mission au point de vue temporel, mais moins

3,

bien au point de vue spirituel, et nous pensons
fortement que, pour ce motif, il a passé par
l'épreuve qui l'a purifié dans une existence sui-
vante, car l'esprit était trop avancé, pour n'avoir
pas pu faire la distinction entre une mission de
paix et une mission, où la force brutale a été le
principal argument de progrès à réaliser, par
son peuple très arriéré dans la voie de la moralité c'est vrai, mais susceptible de progresser
sanspasser par des traitements rigoureux.

Le massacre d'une partie de son peuple par
une autre partie pour manquement aux instruc-
tions qu'il avait laissées avant de monter sur le
Mont Sinaï en est un exemple, et la faute que
ces hommes avaient commis, auxquels il manquait sur Dieu les notions les plus élémentaires
était cependant relativement peu grave, et ces
hommes de natures primitives, ne méritaient
pour cela, de se voir massacrer par leurs frères
d'armes.

Nous avons parlé de Moïse au point de vue
morale, et si sa mission a été vigoureusement
conduite au point de vue temporel, c'est qu'il
avait eu, en lui, une très grande force, étant sous
l'inspiration du Saint-Esprit, qui le soutenait
constamment afin que sa mission puisse abou-
tir, et mettre ensuite le peuple hébreux dans la
voie du développement de l'intelligence, et ainsi

grandir en progrès jusqu'à la venue de Christ qui devait naître au milieu de lui.

De tout ce qui précède ne semblerait-il pas résulter que Moïse a démérité dans sa mission, aux yeux de Dieu, et que ce n'est que plus tard qu'il a obtenu de lui, une grande récompense ? Nous ne pouvons répondre à cette question car nul ne connaît les desseins de Dieu, mais nous nous répéterons en disant que Moïse aurait pu mieux remplir cette mission de paix, et que, certes, ne le faisait pas, il n'a pas eu sa récompense immédiatement à sa mort, et qu'il a dû revenir sur terre pour se purifier de ses fautes, pour ensuite seulement, prendre parmi les élus de Dieu, le rang auquel il s'était élevé par l'accomplissement d'une mission difficile à remplir comme libérateur de ce peuple opprimé.

Moïse a aussi exécuté par la grâce de Dieu de grands travaux, qu'il n'aurait pu faire par lui-même sans ce secours, notamment les enseignements qu'il a donnés dans plusieurs ouvrages connus sous la dénomination générale d'un seul titre « Le Pentateuque » comprenant : le lévitique, le livre des nombres, le deutéronome, l'exode, et la Genèse, qui resteront pour lui, son plus beau titre de gloire.

En terminant ces premières explications, nous engageons le lecteur à s'en bien pénétrer l'esprt

car elles nous donnent en quelque sorte la base de
ce que nous allons exposer sur le progrès moral
qui se lie au progrès intellectuel si fortement,
que les hommes ont cru à ce jour, que quoique
deux, ils n'en faisaient qu'un seul. C'est cette
différence que nous allons faire dans l'étude sui-
vante, sous le titre: le progrès moral et le progrès intellectuel, et en commençant par le
dernier.

DU PROGÈS MORAL

& DU PROGRÈS INTELLECTUEL

DU CHOIX

A FAIRE ENTRE CES DEUX PROGRÈS

DU PROGRÈS MORAL
ET DU PROGRÈS INTELLECTUEL

————

Dieu dans sa sollicitude ayant considéré que ses enfants de la terre étaient suffisamment avancés dans les sciences et les arts, a pensé que le moment était venu de faire faire à cette humanité un grand pas en avant, en lui dévoilant la cause de la venue de son fils sur terre et la signification de sa mission divine.

Nous allons voir pourquoi que Christ a parlé à l'époque par paraboles et par figures à ses disciples, et pourquoi les prodiges qu'il a exécutés, et que les hommes ont toujours appelé des miracles n'ont pas été compris par eux.

Les temps étant venus, nous allons pouvoir, avec la permission de Dieu, vous expliquons rapidement les raisons pour lesquelles il avait été jeté un voile épais sur tout ce qu'à fait Christ votre frère pendant sa mission sur terre en sa qualité de fils aîné de Dieu.

Comment les hommes ont-ils pu vivre pendant de longs siècles sans pouvoir apprendre à connaître ces vérités, quoique parmi eux, il s'était trouvé de nombreux justes, digne de recevoir la sainte parole, et comment Dieu le Père a-t-il cru devoir faire faire ces révélations à une partie de la société qui suit cette doctrine appelée « Le Spiritisme », n'ayant ni prêtres, ni temples, ni culte au vrai sens du mot, mais simplement une forte croyance en Dieu qui leur a été donnée par les Esprits Saints qui planent autour de ce noyau d'adeptes pour les guider et les diriger dans la voie du bien ?

A cette question, nous répondrons que les temps sont venus, nous répondrons encore que l'homme a besoin aujourd'hui de se reconnaître, et qu'il se trouve à l'étroit dans les religions qu'il suit ou ne suit pas ; et qu'il est désorienté par toutes ces idées en l'air traitant de progrès, qui le prennent partout et lui font confondre les multiples devoirs qu'il a à accomplir dans la société, se trouvant tiraillé tantôt dans un sens, tantôt dans un autre, et il ne sait plus s'il doit suivre ou rejeter ce qu'on lui à enseigné dans sa jeunesse, et en fin de compte, ne plus prendre à l'avenir, pour règle de conduite et pour loi, que celle du progrès intellectuel avec ses conséquences, qui consiste à n'accepter que ce que la raison lui dit être exact, et ce que la science lui a appris.

Que d'autre part cependant, l'homme ne se trouve pas satisfait, de ce raisonnement et de cette manière de voir, et qu'arrive-t-il, c'est que plus d'un de ces esprits-là s'en détache, et va chercher plus loin des consolations à son esprit meurtri, après la lutte qu'il a soutenue pendant toute son existence contre ses semblables, généralement dans l'espoir de réaliser une fortune destinée à lui assurer la vie matérielle dans ses vieux jours.

Et cet esprit fatigué et désabusé cherche des consolations autour de lui, qu'il ne trouve pas et alors, et généralement, c'est à la femme de mœurs faciles qu'il s'adresse pour tâcher de se soulager de toute une existence d'oppression, et qui naturellement, ne peut, ni ne veut le comprendre, et elle ne peut que lui donner une illusion de bonheur pendant quelques heures, car bientôt avec l'âge, de plus en plus lourd à porter, ce semblant de bonheur finit

par s'en aller, et au lieu de trouver là le repos
et la tranquillité espérée, il se voit bientôt dans
une situation inférieure à la première, avec ses
mêmes désillusions, avec un accroissement de
soucis que lui suscitera cette compagne de
hasard, peu soucieuce de ses intérêts, mais seulement des siens, guettant constamment le moment favorable de s'emparer de l'esprit de sa
victime, ce qui vient toujours après la possession
du corps, et ceci étant arrivé, ce malheureux
se détachera de plus en plus de ses devoirs
envers sa propre famille, pour finir par se trouver
dans l'isolement le plus complet, suspect à cette
dernière, et suspectant de son côté, et généralement avec raison, cette femme d'occasion.

Ainsi donc cet homme, qui par des affaires
réalisées par des moyens parfois peu hon-
nêtes, en y employant dans cette lutte contre
son semblable, qui est son frère, le mensonge
et la fraude, est arrivé sur le déclin de sa vie,
à vouloir tâcher d'oublier les mille moyens
qu'il a employés pour se faire une fortune
parce qu'il a déjà en lui un esprit avancé intellectuellement.

Il a fini par se laisser aller à ce moment de
la vie, à un genre d'existence accusant par là,
pour ainsi dire, un progrès d'un degré d'avancement moindre, que celui de cette femme, qui

a appris dans sa vie de dérèglement, à mettre à propos quelques phrases dans une conversation, lui tenant lieu de tous les progrès, en mettant en échec, et même le dominant, cet esprit relativement avancé, ainsi du reste qu'il l'a prouvé pendant sa jeunesse, pendant ces longues heures de labeur si dur; et qui ensuite sur le seuil de la tombe, est descendu bien bas au point de ne plus pouvoir ressentir, sur terre, aucun plaisir, pas même un soulagement dans cette vie qu'il traîne avec un corps fatigué, qui est une charge pour lui, qu'en recherchant de temps à autre les joies grossières de la matérialité qui l'hébéteront de plus, en plus !

Mais cet homme, pour se réhabiliter dans son propre esprit, ne pouvait-il donc pas se dégager de ces contraintes continuelles en prenant une autre voie que celle de descendre les échelons de cette échelle qu'il avait déjà montés avec tant de fatigues et de souffrances, et ne devait-il pas chercher la lutte, et réagir contre l'envahissement de son esprit par le remord présent et chercher à parer celui à venir qui vient plus fort encore à la mort du corps? Et ne le pouvait-il donc plus ?

L'esprit avancé intellectuellement peut lutter contre le mal par lui-même, mais pas longtemps, car il n'a pas l'âme pour le soutenir dans cette lutte, et sans son concours, il n'est rien.

Prenez un homme très intelligent, mais n'ayant aucune espèce de moralité, il ne pourra pas faire un acte bien sérieux exigeant beaucoup de persévérance et de résignation, et il renoncera bientôt à la lutte, à moins toutefois que la perspective d'un gros bénéfice à réaliser, ne vienne le stimuler pendant un moment dans lequel il arrivera à avoir en lui une grande force de caractère sous cette pression d'esprit dans la voie du lucre, qui, dans un moment pareil, remplacera la force morale que donne l'âme.

Il résulte donc ce qui précède que, nul homme sur terre ne peut rien faire de grand sans le concours de l'âme, et que celle-ci seule lui fournit les éléments de forces nécessaires pour lui faire entreprendre un travail de longue haleine.

Ce résumé que nous faisons ici ne nous permet pas de nous étendre davantage sur un sujet inépuisable, et nous revenons à notre point de départ, en nous posant à nous même cette question: Et cet homme ne pouvait-il pas se réhabiliter lui-même à ce moment?

Pour se réhabiliter, un esprit le peut, s'il est assez avancé en moralité, et s'il sait la manière de s'y prendre, en donnant aux pauvres par exemple, le bien mal acquis, comme le dit ce passage de l'Evangile : « Et dans ce cas là

faites vous beaucoup d'amis » mais il ne le sait
pas, car personne n'a pu le lui enseigner.

Et quand à l'esprit dans le présent cas, celui-
ci n'étant qu'avancé intellectuellement par l'esprit, il ne pourra se réhabiliter, même s'il
venait à avoir connaissance de ce que nous
venons de vous dire, car son entendement
spiritualiste ne pourra pas s'élever suffisamment haut pour le moment, et ce ne sera que
l'épreuve qui pourra le rendre à lui-même, ce
qui est le cas de tous ces esprits avancés
intellectuellement, mais non moralement.

Mais, nous direz vous, comment pouvez-vous
savoir à l'avance qu'un homme qui a toujours
travaillé pendant son existence avec intelligence, et qui par conséquent est arrivé à un
certain avancement dans le progrès intellectuel,
n'a pas pu acquérir par son travail le progrès
moral, autrement dit tous les progrès auxquels
l'homme sur terre peut atteindre ?

Nous vous répondrons que nous le savons,
parce que nous avons l'expérience pour nous,
acquise à la suite de bien longues années de
travail, mais que vous pourriez acquérir à votre
tour, peut-être avec moins de mal que nous, par
les enseignements que nous allons vous donner
sur ce sujet qui n'a jamais été traité par aucun
homme sur terre, faute de savoir. Il ne pou-

vait an' reste l'être avant les temps présents pour des raisons un peu longues à expliquer, et qui seront données en temps utile.

La raison de nos connaissances, c'est que nous savons qu'il existe deux progrès : celui moral et le progrès intellectuel. Nous expliquerons d'abord ce dernier.

LE PROGRÈS INTELLECTUEL

Quand le premier homme a été mis sur terre, il n'avait pour ainsi dire que de l'instinct en lui, pour pourvoir à sa conservation, et l'esprit d'un animal avancé était même plus subtil que le sien, et nous allions presque dire, plus avancé que celui de ce premier né du règne de l'immortalité des esprits sur terre. Et par son début dans la vie matérielle cette intelligence d'une essence supérieure qui animait ce corps s'était trouvée pour ainsi dire amoindrie, étant obligée de manier ce corps inhabile à tous les exercices physiques, et étant en outre obligé de pourvoir à cette existence matérielle, lui qui avait déjà vécu dans un corps fluidique.

Voilà donc le début de l'homme sur terre avec son esprit faible dans un corps mal conformé et mal conditionné.

Mais, si la première existence des premiers hommes sur terre leur a été particulièrement pénible, ainsi que la seconde avec une nuance de progrès, les suivantes se répétant nombreuses, nous retrouvons, après plusieurs siècles, ces mêmes hommes dans un état de progrès satisfaisant, raisonnant déjà un peu sur tout.

Nous ne les suivrons pas dans leurs différentes incarnations, mais nous prenons pour les temps présents, par exemple, un des hommes les plus avancés du siècle, et voyons quel progrès il aura fait dans la science et dans les arts?

Nous laissons la réponse à faire par vous-mêmes, à votre propre appréciation, mais nous voulons, néanmoins, faire une comparaison entre un homme pris parmi les peuples les plus arriérés de l'Afrique centrale, et un homme arrivé au plus haut degré de progrès que peut faire un être humain pour les temps présents, et nous concluerons qu'à sa venue sur terre, l'homme n'avait pour le guider dans la vie que de l'instinct, tandis que l'homme actuel, après avoir parcouru de nombreuses existences, est arrivé à avoir acquis les connaissances les plus étendues en science et dans les arts, et que par conséquent, le progrès l'a tellement élevé, qu'il est arrivé à être maître sur presque tous les animaux qui peuplent la Terre, lui qui s'était trouvé si faible à son apparition sur celle-ci.

Cependant ce progrès accompli n'a pas donné satisfaction à l'homme qui ne se trouve pas heureux, malgré toutes ses créations, pour procurer le bien-être matériel aux privilégiés par la fortune, et il cherche mieux et davantage!

Croyez-vous que quand le progrès intellectuel sera arrivé à sa plus haute élévation, et vous n'êtes pas éloigné de ce moment, que vous n'aurez plus rien à désirer, et que vous aurez fini par atteindre ce bonheur tant cherché?

Croyez-vous encore que l'esprit ne voudra pas, lui aussi, avoir sa part de satisfaction dans ce partage de bien-être, dont vous gratifiez déjà le corps qui, par instinct, recherche le bien-être' et qui ainsi prend la place principale pour reléguer l'esprit au second plan; et que celui-ci, fort de sa volonté, se contentera de savoir son [enveloppe matérielle à l'abri, pour ainsi dire, par des soins intelligents, des fatigues et des souffrances, et que cette satisfaction lui suffira?

A ces diverses questions que nous nous faisons nous-mêmes, nous répondrons que l'homme possède un corps, mais surtout une âme; que le premier est périssable, et que la dernière est immortelle. Que le corps est guidé par l'esprit, qui est lui-même indépendant de l'âme, et que ces deux intelligences n'en font cependant qu'une seule.

Mais pour le présent, il y a une distinction à

faire entre elles, et ces deux intelligence n'en feront plus qu'une seule quand le progrès aura été accompli tant en moralité, qu'intellectuellement.

L'âme est une flamme plus ou moins lumineuse suivant son degré d'élévation, soit morale, soit intellectuellement. Dans le premier cas elle peut déjà être heureuse et alors elle possède déjà un très grand pouvoir sur l'esprit qu'elle peut, suivant son degré d'avancement et d'élévation arriver à assujettir complètement.

Pensez-vous aussi que l'esprit peut toujours agir suivant ses volontés? Nous répondrons à cette question, que l'esprit est sous la dépendance de l'âme, et que celle-ci ne pouvant pas encore se faire jour à travers de la matérialité dont l'esprit est encore recouvert, il se fait une sorte de sensation sur lui dont, il reçoit l'impression, qu'on appelle la conscience.

Dans ces conditions l'acte d'un homme est décidé par ces deux intelligences, qui ont parfois deux manières différentes de l'apprécier et alors il se livre à ce moment entre elles, un combat très vif, qui décide de la voie à suivre, soit celle qu'indique l'esprit, si celui-ci l'emporte en se représentant des causes d'intérêts matériels à sauvegarder, soit celle donnée par

l'âme qui, dans ce cas, justifie qu'elle est suffisamment avancée pour contraindre en quelque
sorte l'esprit à suivre la voie qu'elle lui indique, ou plus exactement la voie qu'elle lui trace
d'une manière ferme, sans hésitation, en l'ame-
nant ainsi à cheminer vers le progrès moral qui
l'envahira de plus en plus, le sanctifiant en
quelque sorte, à fur et à mesure de cette marche en avant.

Et c'est avec du temps, beaucoup de patience,
que l'âme qui est la vie spirituelle finit par se
rendre complètement maîtresse de l'esprit qui,
à un moment venu, ne cherche plus à faire de
l'opposition sur ses volontés; et c'est alors aussi
le moment de la fusion entre-elles de ces deux
intelligences.

Nous allons continuer nos explications par
les enseignements à vous donner sur le progrès
moral après vous avoir expliqué brièvement
la différence qu'il y a entre l'âme et l'esprit.

Comme nous l'avons dit plus haut, l'âme est
représentée par une flamme qui brille d'un vif
éclat, quand elle est avancée en progrès moral
tandis que quand le progrès ne vient que de
l'esprit, l'éclat de la lumière diffère, car au lieu
de rayonner et d'éclairer autour d'elle les ombres de la nuit, celle-ci se concentre en elle-
même, et par conséquent n'éclaire qu'elle seule

d'un éclat plus ou moins brillant suivant l'avancement intellectuel de l'esprit ; enfin, quand la flamme est d'un rouge pâle, l'esprit est jeune et le progrès est presque nul.

Nous laisserons pour le moment, l'esprit qui n'est avancé qu'intellectuellement, et nous prendrons comme point culminant d'avancement en progrès moral, cette âme très avancée, et comme point extrême cette petite âme si faible, si pâle, et dont l'avancement est presque nul.

Entre ces deux âmes, nous pourrions placer à l'infini, celles avancées suivant l'éclat de lumière qu'elles donnent, et nous pourrions suivre la progression de cette âme encore si faible, vers la perfection avec toutes les observations à faire sur elle, et en faire un sujet d'étude très approfondi et très intéressant, mais elle exigerait de notre médium de grands efforts de travail, et nous ne voulons pas l'engager, quant à présent, dans cette voie qui ne nous donnerait pas de résultat satisfaisant pour le présent, — car il ne serait pas compris par le grand public, pour lequel surtout nous écrivons.

Mais sans approfondir complètement ce sujet, nous en disons suffisamment pour que les Spirites actuels comprennent, que se conformer à la doctrine, ne consiste pas, à ce que chacun s'exerce et même presque toute l'année, à faire des expériences sur expériences pour se persuader les uns aux autres que les esprits existent bien, et que les hommes peuvent avec certitude communiquer avec eux d'après des règles établies ou convenues.

Mais, ne semble-t-il pas à nos spirites les plus avancés en moralité, qu'il y a en ce moment un malentendu dans la manière de faire et que la doctrine spirite est entrée par suite de cette appréciation] de la comprendre et de la suivre, dans une voie étroite et sans issue

Nous ne voulons pas condamner ces pratiques qui consistent à vouloir trouver un moyen exact et sûr de rendre les formes des périsprits, des esprits évoqués tangibles ou tout au moins visibles à l'œil humain, car nous voudrions, au contraire, en voir faire l'étude par des hommes compétents, y étant préparés par leurs études, et par leurs travaux scientifiques raisonnés afin d'arriver à pouvoir donner à cette partie de la doctrine un corps, qui offrirait toutes les garanties de sincérité et de vérité désirables.

Et si nous faisons de l'opposition à tout ce qui se fait depuis plusieurs années dans de nombreuses réunions, c'est que nous avons vu le péril, et qu'ici la doctrine elle-même est en cause.

Après le départ du maître, il y a eu un revi-

rement dans les esprits, chacun voulant mieux
faire que son voisin, et les plus entreprenants
ont même voulu prouver scientifiquement l'existence de l'esprit chez l'homme, lesquels conti-
nuent encore leurs recherches dans le même
sens, ce dont nous ne les blâmons pas, mais ce
que nous jugeons inutile de faire, comme nous
l'expliquons plus loin, en traitant du progrès
moral, car l'homme est encore insuffisamment
élevé en moralité pour pouvoir dès à présent,
atteindre à un pareil résultat.

Donc, au départ d'Allan Rardec allant continuer comme désincarné son œuvre commencée
parmi vous, la doctrine a pris une autre direc-
tion que celle à laquelle il avait pensé lui donner car de ce jour, les enseignements ne por-
tèrent plus guère sur le fond, mais sur sa
forme que nous allions dire ! eh bien oui, di-
sons-le, puisque les expériences ne prouvent
rien, ne conduisent à rien, et qui surtout em-
pêchent l'élévation de l'esprit vers Dieu; et
comme nous l'avons dit, les expériences spirites doivent rester réservées à ces hommes compétents dont nous venons de parler, amis du
vrai et de la vérité, de même que les cérémo-
nies de toutes les religions ne doivent être
faites que par des prêtres chargés de la bonne
tenue des lois et des règles à observer, lais-

sant à leurs fidèles le soin de suivre les enseignements spirituels.

Cette habitude de faire de ces expériences
existe partout, dans le monde entier, dans toutes
les réunions spirites, et elle semble indiquer
que quand les spirites auront trouvé le moyen
de communiquer régulièrement avec les esprits
des désincarnés et d'une manière sûre, le progrès sera accompli et les hommes n'auront plus
qu'à se rendre tous à l'évidence et accepter la
doctrine spirite comme la plus parfaite de celles
existantes sur terre, en se groupant d'abord
autour de ce noyau d'adeptes, pour y apprendre
la manière de faire des expériences spirites. Et
ces nouveaux venus donneront à leur tour des
enseignements expérimentals à d'autres prosé-
lytes qui continueront ainsi l'œuvre commencée
de sorte que tout le monde civilisé de la terre,
finira par être convaincu, et avoir la certitude
que les hommes dans leur matérialité peuvent
communiquer, après l'expérience acquise, avec
des êtres immatériels ! ! !

Voilà cependant l'espoir de nos spirites actuels,
de voir s'enrôler sous leur drapeau le monde
civilisé, ils citent à l'appui de cette théorie, que
la doctrine a déjà fait de nombreux adeptes,
qui peuvent être évalués au chiffre de quatre
illions ce qui est cependant un chiffre bien

faible, en raison des efforts faits par des
esprits sincères, ayant foi et confiance dans
la doctrine, en son avenir, en Dieu qui l'a prise
sous sa protection comme il l'a fait autrefois de
la religion pratiquée par les Juifs, qui ont reçu
le messie parmi eux ; comme les spirites, eux
aussi, recevront bientôt un envoyé de Dieu, avec
la mission de régénérer cette humanité encore
arriérée dans le progrès moral, cause de sa condition inférieure dans le bien-être de l'âme.

Ainsi donc, voilà où les systématiques expériences spirites vous ont conduits, et d'une doctrine pure dans son essence la plus élevée en
morale d'entre toutes, qui touche à Dieu par
son côté spiritualiste, mais qui descend à la
matérialité quand l'homme en fait un motif de
passe temps, par des appels faits à des esprits
d'un ordre inférieur.

Et ces expériences loin d'élever la pensée
vers Dieu le Père, la rabaisse, et elles lui font
entrevoir, que dans ce monde immatériel encore
si peu connu, il y existe des êtres insouciants
et légers, qui se prêtent à tous les efforts mal-
sains, que leur demandent des expérimentateurs qui n'oseraient faire de ces sortes de pro-
positions à leurs semblables, par crainte de
ridicule.

Nous ne nous étendrons pas plus sur ce sujet,

mais nous en causerons dans une prochaine publication, et ceci dit, revenons à notre point de départ, concernant la marche en avant d'une faible âme vers la lumière qui est Dieu.

L'âme est donc brillante dans le progrès moral, et elle rayonne au loin, suivant son degré d'avancement.

L'esprit, lui, par la flamme qui désigne l'âme est également dans ces conditions de clarté lumineuse, avec cette différence que cette lumière reste concentrée en elle-même, et ne peut, par conséquent, rayonner de là, comme la première.

L'homme a donc en lui l'âme qui brille quand elle est avancée, et qui en outre rayonne plus ou moins au loin suivant son degré d'avancement à sa mort Si celui-ci se fait par l'esprit, l'âme est également lumineuse, mais cette lumière ne rayonne pas, ce qui fait la différence entre son avancement moral, et son avancement intellectuel. En un mot, la lumière venue par suite de l'avancement de l'âme, rayonne, et celle venue par l'esprit se concentre en lui-même.

La première de ces intelligences regarde avec sa vue lumineuse et pure tout ce qui l'environne, même la matérialité avec ses ombres sans en être atteinte, et la seconde, qui, avant toute chose, pèse les conséquences de l'acte qu'elle va accomplir, se le représente sous son aspect le moins élevé, mais le plus profitable à ses intérêts matériels, et il en est toujours ainsi, à moins que l'esprit ne se soit déjà élevé par lui-même à une hauteur de vue au-dessus de celle des autres hommes, ce qui serait le cas, par exemple, d'un grand chercheur, qui sacrifierait tous ses intérêts matériels à l'accomplissement de ces travaux spéciaux, ce qui constituerait pour cet esprit d'élite le cas de se rendre compte de bien des choses, est un progrès intellectuel, devant le trouver bien près de comprendre et d'entrer dans la voie du progrès moral.

Nous ne pouvons pousser plus loin, quant à présent, le développement de ces enseignements, par rapport à votre grand éloignement de la lumière divine, qui n'a pas encore pu pénétrer dans votre esprit encore plein de matérialité et qu'il faudra d'abord faire disparaître par les grâces de Dieu, que vous pouvez obtenir par une conduite sage, une vie réglée, et par la pratique de bonnes œuvres ; mais tels que nos enseignements vous ont été donnés, ils vous feront réfléchir, et de ces réflexions, vous viendrez à saisir par vous-même et plus exactement que nous ne pourrions le faire ici, cette nuance qui existe entre l'âme et l'esprit, nuance qui ira en s'effaçant chaque jour au fur et à

mesure des progrès, et quand le progrès intellectuel sera arrivé à marcher sur le même rang
que le progrès moral, pour ensuite le devancer.
Et quand l'âme aura pris l'au'orité suffisante
sur l'esprit, celui-ci sentira de plus en plus
son action qui se, fortifiant en s'épurant, fera de
ces deux progrès une seule et même intelligence, connaissant déjà à ce moment Dieu
dans ses œuvres, et aussi le Père qui donne le
bonheur.

LE PROGRÈS MORAL

Nous avons dit, que Dieu avait jugé que ses enfants de la terre était déja suffisamment avancés, pour les temps présents, dans le progrès intellectuel qui visait spécialement l'homme dans son existence matérielle, tandis que le progrès moral avait sur celle-ci une influence bien moindre, ne touchant et ce presqu'exclusivement, que son être spirituel.

Nous allons parler de ce dernier progrès, comme nous l'avons déjà fait du premier.

L'élévation morale de l'homme le fait plus grand que celle qu'il aurait dans les sciences et dans les arts, et nous allons le prouver par une comparaison entre deux hommes pris dans des conditions de classes différentes d'existence par conséquent : l'un dans son plus grand développement d'esprit avancé intellectuellement pour les temps présents, est placé dans un milieu dans lequel l'instruction et l'éducation lui ont été donnés; et le second dans une condition d'existence matérielle pénible, manquant même des moyens de s'instruire, mais possédant néanmoins en lui l'intuition apporté par d'autres existences, de s'élever dans les progrès, surtout moralement.

Le premier est né dans une famille possédant de la fortune et dès sa plus extrême jeunesse, il lui a été donné de bons professeurs, qui lui ont fait faire de brillantes études, et qui en ont ainsi fait un homme parfaitement instruit. Pour tout le monde, ce sujet si bien préparé est appelé à remplir un brillant rôle dans la société.

Cependant cet homme studieux, dans le cours de ces études, n'a pas pu rester sage quand la liberté lui a été donnée, et bientôt il s'est livré à des débordements de conduites, qui ont fait de lui, jusqu'à un âge avancé un très mauvais sujet, laissant par suite de cette mauvaise conduite passée dans les désordres de la vie, la meilleure partie de son intelligence, qui ainsi malmenée et s'abaissant chaque jour davantage, s'est tellement affaiblie, qu'elle a fini par ne plus pouvoir lui donner la notion exacte des choses et cette vie de désordre l'a en outre amené à un état voisin de l'idiotisme, le laissant sans mémoire même pour qu'il puisse se diriger convenablement dans les actes les plus simples de la vie. Il n'est plus le brillant élève d'autrefois, mais un vieillard à l'œil terne, sans opinion, sans conviction et sans espoir d'avenir, ayant fini par prendre la vie en dégoût, car son esprit a perdu tous les ressorts de la vie intellectuelle, et son âme à déjà sombré dans la matérialité.

Passons à notre second sujet; il s'agit ici d'un jeune homme pauvre, qui par beaucoup de sacrifices faits par sa famille, a reçu une instruction élémentaire, mais qui cependant lui a été suffisante pour pouvoir arriver à étudier par lui-même des sujets d'études différents, et les divers problèmes touchant à la condition de l'homme sur terre, et qui a fini ainsi par se pénétrer que le plus heureux d'entre tous, n'est pas celui qui possède les biens matériels, mais les biens spirituels ; que le bonheur n'existe pas sur terre et ne peut y exister, ou ne pouvant dans tous les cas, que se mesurer qu'en raison de l'élévation de hauteur de chaque esprit, et encore celui-ci ne sera que relatif pendant les courts moments de joies que les soucis de la vie matérielle pourront lui accorder.

Voilà déjà le raisonnement de cet homme qui

n'a pas fait d'études, mais qui, par les épreuves qu'il a supportées dans le début et pendant le cours de sa vie, a étudié par lui-même, et qui observateur en toutes choses, est ainsi arrivé à élever son âme vers des aspirations plus hautes que celles vers lesquelles s'est porté le désœuvré fatigué de son corps qui aujourd'hui est une charge pour lui.

Et l'expérience est venue à cet homme simple, mais grand par le cœur. Il a tout étudié, il a tout compris et pendant ses épreuves matérielles, il a baissé la tête pour se recueillir davantage en entrevoyant que l'âme est tout et que la matérialité passe avec son faux bonheur.

Il a entrevu tout cela, et tout son être a débordé de joie quand il a senti en lui, ce Dieu, ce Père qui lui semblait cependant si éloigné de cette terre, séjour des hommes matériels; et son âme s'est écriée dans un moment d'amour : vous êtes venu à moi, et je ne vous aime que d'aujourd'hui, car ce n'est que d'à présent que je vous connais.

Et toutes les souffrances subies dans un travail continuel et de chaque jour a fini, pour ainsi dire par donner une consécration à toutes ces pensées, voir même une sanctification à ces aspirations élevées, qui prendront bientôt corps et qui lui feront faire un nouveau pro-

grès dans la voie de la moralité qui lui dira que
son existence matérielle sera de courte durée,
et que seule la vie spirituelle est vraie, car avec
la vie, elle donne aussi la joie pure et le bonheur, dont il ne tardera pas à se sentir pénétrer, et dont il a déjà la prescience comme étant
la partie la plus subtile de son être, ou l'âme
flambeau de la vie.

Nous venons de prendre dans la comparaison
qui précède deux esprits ayant déjà passé par
de nombreuses existences, et nous allons continuer nos enseignements par une autre comparaison qui portera sur deux esprits pris à
l'origine de l'immortalité de leur âme, ou plus
exactement à leur début dans leur première
existence terrestre, pour étudier la différence
d'orientation qu'elles vont prendre à ce début
dans la vie matérielle, après avoir été jugés
incapables d'habiter un monde spiritualiste qui
touche à Dieu par les progrès à faire dans la
voie morale, et à la terre par le péché, et dont il
a été question plus haut, et où Dieu les avaient
placés, pour y faire les progrès nécessaires qui
devaient les conduire à lui.

Et ces deux hommes devenus incapables de
faire des progrès dans ce monde spiritualiste
avaient été mis sur terre par ordre de Dieu pour
pouvoir les y faire dans la voie de la matéria-

lité, et placés sur celle-ci, supposons le même jour, pour la quitter ensuite, après une existence de plusieurs années de luttes contre les éléments terrestres et les animaux sauvages trouvés dans les lieux qu'ils avaient été obligés d'habiter par suite de leur désobéissance, supposons encore, tous les deux le même jour.

Voilà donc le point de départ sur terre de ces deux hommes également jeunes, également ignorants, et après une première existence passée sur cette terre qui sera à l'avenir la planète que Dieu leur a désigné pour y progresser, nous nous posons cette question : quel serait le progrès possible que l'un ou l'autre de ces hommes y aurait pn faire après cette première existence terrestre ?

Nous laissons cette appréciation à faire par nos lecteurs eux-mêmes, qui nous répondrons avec raison que dans une seule et première existence, fut-elle même de longue durée, le progrès y a dû avoir été presque nul pour tous les deux, et que par conséquent, il n'y a pas de conclusion à tirer de ce début dans la vie matérielle de ces deux êtres, hier encore esprits périsprits dans un monde immatériel.

Cette réponse serait juste, et nous l'acceptons.

Nous passons ensuite de la première à la

deuxième existence de ces deux êtres sur terre,
et nous ne vous poserons plus une demande, ou
conclusion à en tirer sur le progrès possible à
faire par eux dans celle-ci, car vous ne pourriez pas nous répondre, par cette simple raison
que nous même nous avons une certaine diffi-
culté à vous l'expliquer exactement, et nous
abordons ce sujet avec une certaine appréhension car nos enseignements, nous le craignons,
ne seront pas compris, par tous, votre esprit
n'étant pas suffisamment développé pour pouvoir juger tous ces sujets ayant des rapports
directs avec la spiritualité de votre être terrestre encore sous l'impression de la matière, et
que vous voyez avec les yeux de l'esprit, tandis
qu'il faudrait le juger avec le regard de l'âme,
qui, elle aussi, malheureusement, est encore sous
l'impression de cet esprit matériel, mais cependant déjà en voie de progrès moral, qui ira en
s'accentuant chaque jour davantage, ce qui
nous amène à vous dire, ce que nulle créature
n'a jamais su : **que l'esprit reçoit les impres-
sions tandis que l'âme les donne**, et qu'après
la réunion de ces deux progrès, celui moral et
celui intellectuel, le premier grandira d'autant
plus vite, que dès ce moment, avec ces connaissances, l'homme ainsi encouragé dans cette

voie, pourrait s'appliquer à faire un grand pas
en avant dans la voie du progrès ou dans la
spiritualité de l'âme, qui alors pourrait prendre
la place qui lui revient de droit, c'est-à-dire
qu'elle dominera de ce moment, et chaque jour
davantage l'esprit, qui finira par ne plus agir
que d'après ses désirs qui ont et auront tous
une signification élevée.

Dans la première existence terrestre de ces
deux hommes, le progrès moral a été pour eux
de peu d'importance, car ils avaient pu n'avoir
en vue que les seuls soucis continuels d'exercer
leurs corps dans des luttes qu'ils avaient eu à
soutenir contre de nombreux animaux sauvages,
dont ils se trouvaient environnés, et qui, par
des attaques continuelles, les tenaient ainsi en
éveil, et les obligeait à se défendre sous peine
de périr violemment, et obligeaient en outre
l'esprit de ces hommes à faire des progrès ra-
pides dans cette voie de la matérialité, aussi à
cause de leurs recherches constantes pour arriver
à se mettre à l'abri des intempéries des saisons,
sans avoir d'autres vêtements que ceux qu'ils
pouvaient rencontrer sur leur route.

Le premier de ces deux hommes revenu sur
terre une deuxième fois, a encore dû passer son
existence en luttes continuelles contre les animaux sauvages de très grandes tailles, et aussi

dans le danger de périr de faim et de soif, et très souvent, contre le besoin de dormir sous un ciel inclément. Et cette deuxième existence, dans ces conditions, ne lui a rien aidé à lui faire acquérir le moindre progrès moral, celui-ci n'ayant été tout au plus, que matériel.

Le deuxième de ces hommes a dû comme le premier passer par ces mêmes souffrances, se défendant sans cesse contre les animaux sauvages, et même contre d'autres hommes en guerre contre son parti; mais il y a trouvé l'occasion, en se défendant, d'étendre sa protection à ses petits et jusqu'à sa femme, et ce, sans pouvoir toutefois trop se rendre compte quel sentiment le conduisait à le faire, puisqu'il n'y trouvait pas, de suite, un profit matériel. Et cette action de défendre les siens, naturelle de vos jours, avait eu à ce moment et pour l'occasion, une signification très grande, celle d'assister au réveil de cette âme à un tout premier sentiment, que nous appellerons d'amour, mais bien diminué comme étant matériel, et que cette âme arriérée n'avait nullement raisonné.

Cet homme avait-il donc en lui au moment de sa venue sur terre la première fois, ce sentiment d'amour à l'état de germe, ou comme pour les animaux n'avait-il que l'instinct de l'amour de l'animal pour ses petits ainsi que pour ses maîtres, dont la providence a eu le soin de doter vos frères cadets ?

Nous ne pouvons répondre à cette demande qui nous entraînerait à un développement très long sur l'origine de l'homme, avant d'avoir pu atteindre à l'immortalité de l'âme ; en expliquant, par conséquent, la chaîne ininterrompue qui lie l'homme à l'animal, celui-ci au règne végétal, qui se lie lui-même au règne minéral.

Mais nous pouvons néanmoins vous dire qu'entre une intelligence d'homme venu sur terre une première fois, et l'intelligence d'un animal très avancé, il n'existe presque pas de différence à l'avantage de l'homme, mais l'animal, et quel que soit son degré d'intelligence restera toujours, et dans toutes les circonstances possibles de la vie matérielle, l'inférieur de l'homme, car celui-ci, par l'immortalité de l'âme que Dieu lui a donné touche par elle à sa divinité, et toutes ses actions auront une toute autre signification que celle de l'esprit d'un animal, car l'homme raisonnera son cas, plus ou moins, selon son degré d'avancement intellectuel, tandis que l'animal acceptera la lutte, s'il s'agit de combattre, ne comptant que sur ses propres forces, contrairement à l'homme qui cherchera à faire intervenir en sa faveur une force étrangère s'il en trouve l'occasion.

Et revenant à notre sujet, vous pourriez vous
demander quelle raison nous pourrions vous
donnner, pour distinguer que dès la deuxième
existence de ces deux hommes, il s'est fait
entre eux un écart de progrès dans leur avancement moral, puisque l'un comme l'autre ont
passé toute leur vie à lutter contre le danger, et
qu'aucun enseignement n'a pu leur être donné,
d'une manière quelconque, et que le deuxième
de ces hommes n'a fait que remplir son premier devoir de père de famille?

Nous allons vous répondre le mieux que nous
pourrons car, comme vous nous l'avons dit plus
haut, nos enseignements à donner sur ce sujet
sont d'une nature très délicate, et nous com-
mençons à vous dire en remontant à l'origine
de l'âme, qu'il existe en elle, tous les germes
que Dieu y a mis en la créant, tant ceux dirigés
dans la voie du bien, que ceux conduisant vers
le mal, et que ceux-ci en général, se dévelop-
pant dans un sens, ou dans un autre, suivant
les pensées de l'esprit qui domine à ce moment
complètement l'âme, et suivant aussi ses
tendances à se diriger dans une ou l'autre de ces
voies.

Au début de son existence d'homme, l'esprit
a peu de volonté, et il ne combine ses actes
matériels que par intuition et ne peut rien pré-

ciser ; mais il n'en a pas moins son libre arbi-
tre, et si Dieu ne lui demande pas grand chose,
il ne doit toutefois pas transgresser certains
commandements dont il a une parfaite connaissance, comme les lui ayant été révélés par son
guide spirituel, qui, à ce moment possède sur
lui une grande autorité, et que lui donne ces in-
dications par intuition c'est vrai, mais d'une
manière très compréhensible. Si donc l'esprit
est docile, il sent naître en lui comme un sentiment de reconnaissance de ces pensées qui le
portent vers le bien; et que lui donnent cette intelligence dont il soupçonne vaguement l'existence, et dont la pensée suffit, pour lui faire
changer plus tard, ce germe de reconnaissance
en un sentiment plus avancé, surtout quand il
obtiendra la conviction, d'une manière plus
exacte, qu'il existe en lui, autre chose que sa
pensée qui dirige ses actes matériels.

Et que devons-nous voir dans cette tendance
d'un de ces deux jeunes esprits à vouloir entrer
dans la voie du progrès moral ?

Nous dirons que cette âme a été prise par la
reconnaissance et que le chemin lui a ensuite
été tracé pour lui faire faire son premier progrès
dans cette voie de la spiritualité, et qu'y entrant
ainsi, dès le début de son existence d'être immortel, il est presque certain, que par la suite,

il s'y maintiendra toujours et grandira dans le
progrès moral, autant et presque plus que dans
le progrès intellectuel de l'esprit, de sorte qu'un
homme encore jeune par ses existences terrestres, pourra être, et par comparaison, un homme
très avancé en moralité, et l'être beaucoup
moins intellectuellement.

Mais on peut facilement dans un cas pareil
d'avancement moral, supposer que l'esprit qui
est encore jeune de création, et qui quoique ça,
a déjà fait beaucoup de chemin dans la voie
du progrès intellectuel avec l'aide de sa sœur
aînée qui y a participé, en le maintenant constamment dans la voie du bien, qui éclaire et
vivifie, sous le souffle de Dieu, qui est le bon
Père pour tous ses enfants.

Et comment pourrions-nous démontrer que
cet esprit porté, vers la voie qui conduit au
bien, a mérité les grâces de Dieu pour pouvoir
accomplir ce premier acte d'amour vis-à-vis les
siens, sans avoir reçu d'autres enseignements
que ceux puisés dans sa propre nature ; et qu'il
a trouvé au fond de son esprit un sentiment
relativement délicat dans son faible esprit ?

Dieu en mettant cet homme sur terre dont
l'origine était d'hier ne l'avait cependant pas
abandonné à lui-même, car ses grâces étaient
venues le fortifier chaque jour ; et sans celles-ci

il n'aurait jamais pu supporter par sa résignation relative pendant son existence, les terri-
bles épreuves par lesquelles il avait eu à passer
durant le parcours de la vie, et pour aussi
aguerrir son corps et aussi son esprit dans cette
lutte continuelle contre ses ennemis, ainsi que
celle contre les éléments terrestres, qu'il avait
d'abord eu à connaitre puisque sa destinée, à
vivre sur la planète la Terre, où ses progrès devaient s'accomplir en avait ainsi décidé.

Ce premier progrès fait dans de pareilles
conditions, et que nous désignerons ici, sous
celui de matériel, était cependant nécessaire à
cet esprit, et ce, afin de le lui faire parcourir
plus rapidement, n'était en réalité pour lui,
qu'une école pénible passée par toutes les souffrances humaines, dans laquelle devait passer
cet homme inhabile à se servir de son corps,
lequel manquait, du reste, des qualités nécessaires pour pouvoir s'affiner suffisamment avec
l'esprit qui également jeune ne pouvait dans
ces conditions donner à celui-ci l'impulsion
nécessaire au moment de l'action, dans un acte
à accomplir à temps, et qu'il détruisait ainsi
momentanément l'harmonie qui doit toujours
exister entre le corps et le périsprit, qui est le
corps invisible, ainsi qu'avec l'esprit, qui, seul,
aurait dirigé à ce moment sans le secours de

l'âme, l'homme dans tous ses actes de sa vie
matérielle, et que deux ou trois existences terrestres devaient l'aider à rétablir.

Ces souffrances physiques de l'homme au
début de son existence terrestre ont donc eu
pour cause de lui provoquer des exercices dans
lesquels il était obligé d'employer la force pour
endurcir son corps, d'employer de l'adresse
pour le rendre plus agile, et de l'intelligence
pour agrandir sa sphère d'action.

Ce progrès que nous désignons ici, sous la
dénomination de progrès matériel, était donc
nécessaire pour lui faire accomplir rapidement
cette première éducation, comme celle que fait
l'enfant qui vient d'entrer dans la vie, afin
qu'après cette préparation de l'esprit, celui-ci
ait pu arriver à acquérir d'autres notions
touchant son être même, en portant notamment
un jugement sur cette intelligence soupçonnée
pendant ses divers passages de la vie.

Cet être ou intelligence qui représente l'esprit et l'âme tout à la fois, comprend en outre
le périsprit qui les recouvre, et qui est lui-
même recouvert par le corps, lequel malgré
qu'il recouvre le périsprit est en même temps
enveloppé par ce dernier pour lui donner les
sensations qui viendraient en dehors du corps
afin de pouvoir le protéger.

Le corps est donc la seule partie de cette intelligence qui ne raisonne pas, et qui ne fait que recevoir des ordres, soit par l'esprit directement, soit par le périsprit, et il n'aurait donc pour le guider dans ses actes matériels de la vie que l'instinct, si l'esprit et le périsprit venaient à lui faire défaut.

Il est certain que ce cas ne peut pas se présenter et que nous nous servons de cette supposition pour pouvoir développer notre pensée avec plus de facilité, mais il n'en est pas moins vrai que certains hommes, après une vie orageuse arrivent à annihiler toutes les facultés de leur esprit, et par conséquent de l'âme, et qu'ils n'ont plus pour guider leurs corps que le périsprit, qui sans être une troisième intelligence au vrai sens du mot reçoit et donne les sensations de l'esprit qui ne peut plus agir spontanément sur le corps, car il ne communique plus qu'avec le périsprit, qui de son côté peut bien encore communiquer les sensations de l'esprit au corps, mais péniblement et avec un retard plus ou moins long de durée selon l'étendue du mal, dont cet homme gâteux est atteint, et suivant les soins matériels, qu'il pourra aussi se donner, qui à ce moment jouent encore sur le malade, un dernier rôle.

Voilà ce que nous avions à vous dire sur ce

sujet, d'esprit tombé dans le gâtisme, et avant de poursuivre.

Cette intelligence ainsi préparée avait en grandissant, attiré à elle des fluides spirituels qui peu à peu finirent par remplacer ceux entièrement matériels qui alourdissaient l'intelligence ; et ce fut ainsi que ces pensées s'épurant de plus en plus finirent par concevoir et d'une manière certaine l'existence dans l'être humain, d'une puissance invisible dirigeant sa pensée.

Puis, avec le temps, et par le travail de l'esprit devenu actif la pensée fut dirigée dans la voie de la spiritualité et l'existence de l'âme fut pour ainsi dire admise, surtout par certains peuples, qui en avaient eu connaissance par intuition, étant des plus avancés en moralité.

Et ce progrès vous ayant été acquis, vous ne pouvez plus vous arrêter en chemin, car vous éprouvez tous, du haut en bas de l'échelle sociale, et de plus en plus, le besoin de connaître et de vous élever en moralité, qui seule peut donner le bonheur ; besoin qui ira grandissant quand l'heure aura sonné pour l'humanité de se réveiller de l'état léthargique dans lequel elle a été plongée depuis le commencement du monde ce qui avait été utile et nécessaire. Jusqu'à présent, vu son état d'infériorité

morale dans lequel elle a toujours été plongée
à ce jour, et duquel elle sortira à la venue sur
terre de ce messager de paix qui se prépare à
y descendre pour y enseigner toute vérité, en-
touré de ses anciens disciples, qui, eux aussi,
y viendront avec leur mission qui se continuera
pour expliquer à leurs jeunes frères les nouveaux enseignements de cet esprit de vérité qui
apportera aussi sur terre le règne de la philosophie qui précédera celui de la sagesse, et qui
ne sera autre que Christ lui-même, ne parlant
plus par paraboles et figures, mais donnant les
explications, même sur les prodiges qu'il opé-
rera à ce moment là et qu'on a appelé à ce jour
des miracles; et qui ne sont cependant que le
développement incomplet de ces vérités qui ne
pouvaient être comprises à l'époque par les
peuples arriérés en progrès, — et qui ne pouvaient être données que sous le couvert du voile.

Ces disciples qui seront les adeptes de la doctrine spirite qui sont encore peu nombreux,
mais le nombre s'en augmentera bientôt, ce que
nous pouvons du reste vous assurer, et quand les
spirites reviendront aux premiers enseignements donnés par Allan Kardec à la suite des
révélations des messagers de Dieu pendant sa
mission terrestre, et que la plupart ont aban-
donnés pensant sans doute ne devoir voir dans

cette haute philosophie morale portée à son plus
haut degré d'élévation, qu'un passe-temps, ou
tout au plus un sujet d'étude pour apprendre aux
hommes matériels de la terre à se mettre en rapport avec des êtres immatériels avec une espèce
de certitude, si ce n'est la certitude même de
pouvoir le faire quand bon leur semblera, esprits
qui dans tout les cas, et dans ces conditions ne
pourraient être que des correspondants plus
ou moins sérieux et peut être bien légers.

Telle n'a cependant pas été l'intention du
maître, quand il est venu dire à cette humanité
surprise et incrédule qu'elle allait avoir à l'avenir à compter avec des intelligences invisibles,
l'entourant sans cesse, et provoquant souvent parmi elle certaines décisions que l'esprit paraissait avoir conçu par lui-même, ce qui
était vrai, mais sous leur influence.

Les intentions d'Allan Kardec étaient donc
autres que celles de provoquer par ses théo-
ries une doctrine relative à des expériences,
ayant pour objet d'obtenir des relations faciles
entre les incarnés et les désincarnés, sans
autres motifs que celui de satisfaire à la curio-
sité ; et il ne pouvait pas non plus prévoir qu'en
les leur donnant par esprit de vulgarisation
de la doctrine spirite en général, les généra-
tions suivantes s'aviseraient à en faire une base

de doctrine expérimentale, qui du reste, ne repose sur rien, n'ayant pour but, que celui de rechercher le moyen le plus pratique à entrer en communication avec un esprit consulté, et en étendant ce principe jusqu'à rechercher la preuve de l'existence des esprits qu'on voudrait contraindre, pour ainsi dire, à apparaître avec des formes matérielles. Et de là à conclure que la science atteindra ce dernier résultat, il n'y a qu'un pas, mais que ces expérimentateurs ne franchiront jamais de vos jours, car la composition matérielle et fluidique du corps humain, les fluides solides qui le forment presque entièrement ne peuvent suffisamment s'affiner avec ceux non solides dont se compose le prérisprit qui de son côté éprouve les mêmes difficultés dans le sens opposé. De là un grand obstacle à surmonter pour obtenir seulement des visions, et que la génération actuelle ne pourra franchir à cause de son corps matériel qui, cependant, changera de forme par gradation, et à fur et à mesure du progrès accompli, pour se faire moins matériel et par conséquent plus fluidique, dans un espace de temps qui n'est pas à fixer, mais qui dès à présent a commencé son œuvre de progrès et qui se poursuivra sans cesse ayant pris l'homme à son plus haut degré de matérialité, pour le porter à son plus haut degré

de spiritualité qu'un être sur terre puisse supporter sans danger pour son existence.

Cette explication sur ces rapports difficiles
entre les incarnés et les désincarnés ayant été
démontrée, vous n'avez plus qu'à accepter que
le moment n'est pas encore venu pour s'occuper
sérieusement de ces études psychiques, et que
pour le faire avec légèreté, il vaudrait mieux y
renoncer. Et qu'enfin, si des spécialistes peuvent être utiles à la cause spirite en la tenant
au courant de ces études sur ce sujet, nous les
engageons à le faire sincèrement et surtout
très consciencieusement.

Mais, faire de cet enseignement très secon-
daire dans la doctrine qui touche à la divinité
de Dieu par l'âme, une base de doctrine expérimentale au détriment de la première, qui est la
seule vraie, nous répondrons sans détour :
vous faites-là, une erreur volontaire, plus une
grande faute qui entraînerait avec elle, si vous
persistiez dans cette voie, à des conséquences
bien graves, dont vous resteriez responsables
devant votre conscience.

Il y a encore une cause, à ce qu'un change-
ment en cette manière de voir, puisse venir à
l'appui de nos justes observations, c'est que les
spirites actuels se renferment dans leurs explications sur cette doctrine dans des limites très

7.

étroites. Ils se commnnniquent les uns aux autres
des découvertes qu'ils supposent nouvelles, qui
ont [déjà été constatées depuis de longues
années, et qui se répètent souvent dans une
autre partie du monde, et chacun décrit à son
journal respectif ces nouveautés qui généralement sont personnelles, et qui n'apprennent
absolument rien, si ce n'est que dans tel groupe,
il s'est passé tel fait, ce qui n'intéresse que très
indirectement les lecteurs de cette feuille, qui
lisent cette présumée nouvelle découverte, avec
distraction et parfois avec plus ou moins de cré-
dulité si les faits s'y trouvent exagérés, ce qu'au
reste la raison reconnaît facilement.

Mais là ne s'arrête pas l'inconvénient de cet
entraînement général à ne plus vouloir faire que
des expériences dans n'inporte quelle partie du
monde qu'il nous plairait de visiter; et nous
ajouterons même, qu'il porte un grand tort à la
doctrine spirite elle-même, lequel préjudice
irait en grandissant si celle-ci continuait à se
maintenir dans ces étroites limites de propa-
gande par ces expériences psychologiques au fur
et à mesure de la formation de nouveaux
groupes, qui de la nouvelle école, ne sauraient
même plus distinguer, entre cette science philosophique qui enseigne à l'homme à s'élever
en moralité, et ces expériences qui ne touchent

qu'à l'esprit, et que beaucoup aujourd'hui con-
fondent avec l'essence même de la doctrine,
surtout quand il s'agit de personnes n'ayant pas
eu connaissance des principes élémentaires de
cet enseignement philosophique, comme par
exemple la classe ouvrière, la plus nombreuse
et la plus intéressante de la société, qui actuel-
lement éprouve une certaine appréhension à
se rendre dans un milieu dans lequel elle a été
convoquée par des appels faits par des feuilles
très intéressantes, il est vrai, mais ne donnant
pas aux esprits, ainsi convoqués, la satisfaction
voulue d'après les raisons ci-dessus.

Et, c'est sans peine, que les spirites, peuvent
constater que le nombre de ces travailleurs qui
est cependant considérable, est restreint dans
toutes les sociétés existantes. Et cependant
aussi bien que celui qui reçoit une instruction
intellectuelle, le travailleur a comme lui, un
germe de croyance dans la doctrine spirite,
qui ne demande qu'à grandir pour devenir une
certitude, et venir ensuite grossir le bataillon
de combattants spiritualistes qui l'emportera
bientôt sur l'armée du matérialisme.

Et ce ne sera cependant qu'ainsi que la doctrine spirite gagnera sérieusement du terrain,
en recevant dans ses rangs, ces travailleurs
obscurs mais sincères, amis de la vérité, pleins

de cette foi qui fait soulever les montagnes, animés de l'amour à Dieu, au prochain, et mettant ensuite au service de la cause commune cette force immense, irrésistible composée de fluides, donnant de l'essor à la matérialité même. Et nous entendons dire par là, que cette matérialité invisible à l'œil humain, qui passe dans les cerveaux de la foule, que les magnétiseurs intruits par l'expérience connaissent fort bien, car ils en font chaque jour des expériences sous des formes diverses, et qui dirige le monde en passant du cerveau à l'esprit et qui, sous son influence prend une voie ou l'autre, et absolue et fatale, quand, il s'agit de celle du bien.

Mais cette force de l'esprit ainsi dirigée par ces fluides vers le bien, acquerrera une force plus considérable pour les temps futurs, car de ce jour, l'homme ayant eu connaissance d'une manière absolue que l'âme existait, et qu'elle devait à son tour entrer en scène, prendra la voie qui mène directement au progrès moral. Cette première force venue de l'esprit en marche vers le bien, va se trouver d'autant plus fortifiée qu'aux fluides matériels et bienfaisants, vont se joindre les fluides spirituels qui, sans avoir beaucoup de force d'action pour le présent donneront cependant une pression générale sur les fluides matériels qui, se spiritualisant chaque

jour davantage amèneront bientôt tous les
peuples civilisés de la Terre à une transforma-
tion complète dans les rapports qu'ils auront
ensemble, et entre eux, ce qui sera l'achemine-
ment de tous ces peuples, amis à ce moment,
vers la liberté, l'égalité et la fraternité.

L'Esprit de Vérité.

CONCLUSION

La doctrine spirite contient à elle seule l'esprit et l'ensemble de toutes les doctrines existantes, ce dont chacun peut se convaincre ; mais un certain nombre de spirites l'amoindrissent, et la font dévier de la base de sa destination première à une simple étude pyschologique et de spiritisme expérimental, tandis qu'elle embrasse à elle seule toutes les doctrines philosophiques, portées à leur plus grande élévation de puissance ; et par suite de cette connaissance les spirites ne devraient pas sortir de certaines limites que la raison aurait à leur tracer, en les mettant ainsi en garde contre les attentats possibles, qu'ils pourraient commettre contre cette science en la reléguant à un rang inférieur, tandis que la réflexion leur dit que seule, elle leur donnera la science morale qui les conduira à Dieu.

Les grands et les puissants de la terre ne tiennent pas beaucoup compte de l'existence d'enseignements donnés par la doctrine spirite, et ils préfèrent au besoin s'en occuper plutôt pour la forme que pour le fonds, ce qui leur suffit pour les mettre en repos avec leur conscience. Nous parlons en ce moment d'esprits avancés intellectuellement, qui comprennent très bien tout ce que la doctrine spirite contient d'élevé, mais qui, pour des raisons ou autres se tiennent pour satisfaits d'en avoir compris et accepté le principe.

Mais par cette intelligence même, ils se rendent aussi compte qu'ils ne sont pas heureux sur terre, et qu'il y aurait mieux à faire que de laisser pratiquer, mais de pratiquer eux-mêmes, les principes contenus dans cette science philosophique, en en supportant les charges, que cette connaissance donne à tout adepte sincère, soucieux de se rendre utile à l'humanité ; ce qui serait aussi un moyen assuré de trouver ce qu'ils ont peut-être cherché en vain : le bonheur ; et que la pratique de cette philosophie élevée leur assurera, au moins dans le possible, dans la matérialité.

L'homme riche ou puissant a bien du mérite, d'abandonner ses biens de la terre, sans certitude de trouver ce bonheur tant cherché, et, peut-être oserait-il nous demander une garantie, pour avoir une certitude d'obtenir ensuite un bonheur relatif que donne la pratique dans le spiritisme.

Nous répondrons à cet homme positif qu'il trouvera sa réponse par lui-même, suivant les efforts qu'il fera pour entrer dans cette voie nouvelle, qui l'amènera à suivre les enseignements de la doctrine spirite, pouvant garder à l'avance la certitude qu'il arrivera bientôt à un résultat de bien-être dans l'âme, et même de bien-être dans le corps, qu'il persistera ensuite de lui-même, à rester dans cette voie, qui déjà sur terre, le conduira au bonheur relatif, pour après la mort de son corps laisser à l'âme restée pure, non plus un bonheur relatif mais réel et complet.

Mais dans cette classe de la société, la doctrine trouvera assez difficilement des disciples sincères, car malgré toutes les raisons que nous pourrions leur donner, ils ne pourraient les supposer capables de les rendre heureux, sans y faire participer les joies que procure la fortune par le renoncement à tous ces plaisirs et à ce bien-être matériel. Nous ne pouvons exiger cela d'eux du jour au lendemain, pensant que l'épreuve seule pourra les rendre à eux-mêmes, c'est-à-dire débarrassés de cet obstacle, qui matérialise les esprits, empêche l'âme de s'élever de celui qui est dans la possession des biens terrestres.

Et nous passons sous silence une autre partie de la société occupée tout le jour et même la nuit à s'ingénier, par tous les moyens loyaux ou non, à entasser de l'argent et encore de l'argent, au point de croire que Dieu n'a mis l'homme sur terre, que dans le seul but de travailler misérablement pendant une partie de sa jeunesse, pour qu'à un âge relativement peu avancé, il puisse rester inactif, là où le travail lui serait absolument nécessaire, pour après une existence bien remplie le laisser dans son extrême vieillesse, dans le repos de l'esprit et du corps, sanctifiés l'un et l'autre par le travail qui est la plus forte prière adressée à Dieu.

Et, nous arrivons enfin à ces travailleurs qui sont pris ici en bloc, l'ouvrier, l'employé, le petit commerçant, en un mot tous ceux qui peinent, qui souffrent et qui vivent sans certitude de lendemain. A cette intéressante classe de la société nous tenons un autre langage, celui de la raison. A tous nous disons :

NOS AMIS

Vous êtes dans l'épreuve pendant toute votre existence, ce qui est la cause que vous fautez souvent contre tous les commandements de Dieu, notamment contre celui qui touche à l'intempérance, qui est celui de la gourmandise ; mais Dieu est bon et généreux, et il ne vous en tiendra pas rigueur, car vos peines sont grandes, et vos fautes sont légères, car celles-ci ont été rachetées par celles-là.

Vous n'êtes pas heureux nous le savons, mais vous pourriez l'être au moins relativement, et pour vous aidez à l'être, plus que vos autres frères de la terre, Dieu vous donnera ses grâces ; vous déserterez le cabaret qui prend vos ressources, et celles de vos amis de plaisir ; en rapportant au logis vos gains et vos salaires, vous y trouverez la paix dans la famille, le bonheur dans vos petits enfants, la joie dans l'épouse, et le contentement dans le cœur, dans le devoir accompli.

Vous connaîtrez Dieu le Père, le créateur de toutes choses, et le connaissant vous l'aimerez dans son immense amour pour ses enfants de la terre, qui aujourd'hui sont déjà grands, puisqu'il les a déjà trouvés dignes de leur faire faire un grand pas en avant dans la voie du progrès moral qui viendra porter sur terre la paix et la concorde entre tous les hommes qui sont des frères.

Et ce progrès moral va aussi vous donner

pour le moment une richesse plus grande que possède l'homme matériel sur terre, et qui vous donnera ensuite la puissance, car le voyez-vous s'avancer vers vous avec son regard lumineux et brillant même dans l'obscurité la plus profonde, tenant déjà en échec cet autre progrès qui est celui de la science enseignée à vos frères les riches, laquelle vient par l'esprit, brille aussi mais d'un éclat moins pur, et qu'une prochaine existence vous donnera ; et que vous pourrez acquérir d'autant plus facilement que votre âme se sera élevée davantage en moralité, laquelle vous donne déjà la philosophie, point de départ de la sagesse que vous connaîtrez aussi, quand la science venue par l'esprit qu'enseigne les hommes, aura donné sa consécration à celle qui est enseignée par l'âme elle-même comme touchant à Dieu par son origine divine, éducateur lui même de toutes ses créatures

Et ce progrès moral qui donne la sagesse est le premier d'entre tous, car par lui l'esprit de l'homme dominera toutes les créatures vivant sur terre, les fluides solides et les fluides invisibles à l'homme ce qu'il ne peut encore faire parce qu'il est encore petit, mais il va bientôt grandir pour devenir riche et puissant, dans le monde immatériel, mais déjà dans celui

L'ESPRIT DE V

TABLE